Diario dei ricordi di

____

Sei venuto al mondo il

____

Sei nato alle

____

Pesi

____

L'ospedale era

____

Il tempo quel giorno era

____

Ti abbiamo portato a casa il

____

La tua prima foto

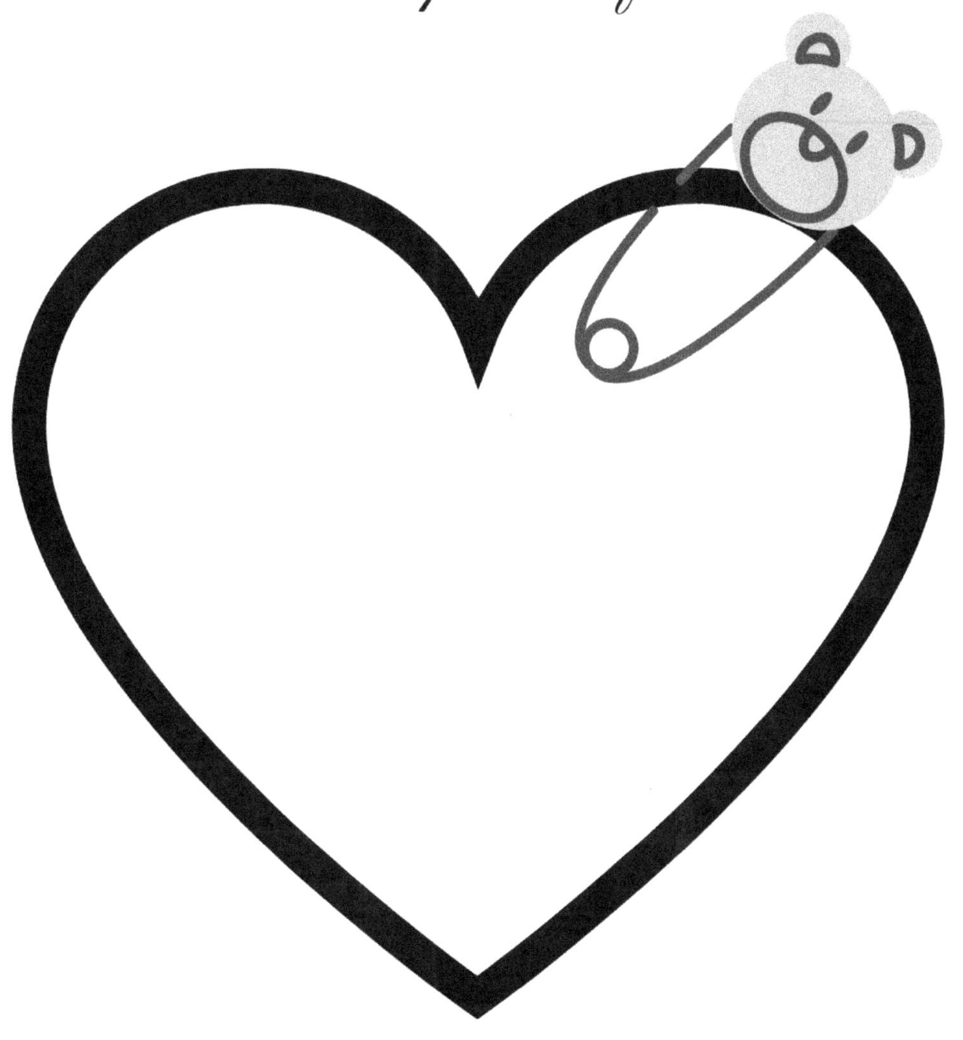

A chi assomigli?

tratti di mamma

____

____

____

tratti di papà

____

____

____

Ritratto di famiglia

I nostri braccialetti

Mamma e papà ti augurano...

Auguri e dediche per te

La tua manina!

Il tuo piedino!

1 Settimana

La tua foto

La tua foto

2 Settimana

La tua foto

La tua foto

3 Settimana

Cosa hai imparato?

La tua foto

1 Mese

La tua foto

La tua foto

2 Mesi

La tua foto

3 Mesi

Cosa hai imparato?

La tua foto

4 Mesi

Cosa hai imparato?

La tua foto

La tua foto

5 Mesi

La tua foto

6 Mesi

Cosa hai imparato?

La tua foto

La tua foto

7 Mesi

La tua foto

8 Mesi

La tua foto

9 Mesi

La tua foto

10 Mesi

La tua foto

La tua foto

11 Mesi

Cosa hai imparato?

La tua foto

La tua foto

Cosa hai imparato?

La tua foto

La tua foto

Quando ti sono nati i primi dentini?

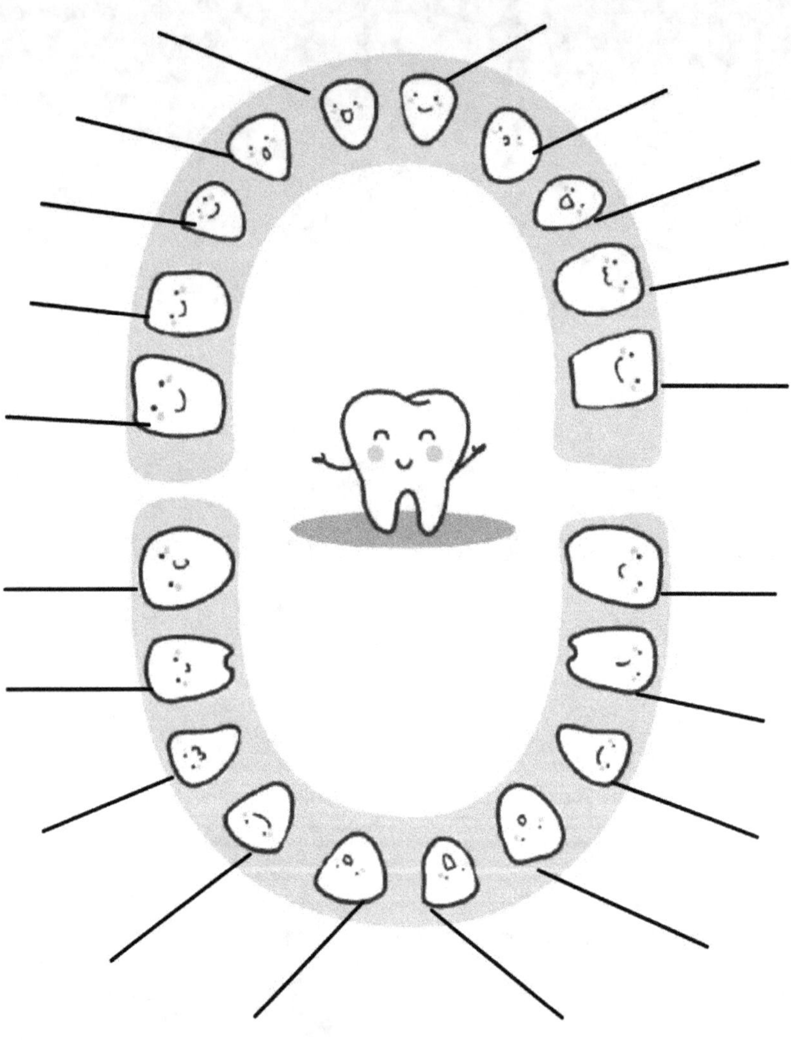

Quanto cresci!

Data   Peso   Altezza

I tuoi vaccini

Vaccino   Data

Le tue malattie...

Malattia   *Data*

La prima foto con mamma

La prima foto con papà

La prima foto con papà

Il tuo sorriso più bello!

Il tuo sorriso più bello!

Quì dormivi come un
angioletto!

Insieme ai nonni paterni

Insieme ai nonni paterni

Insieme ai nonni materni

Insieme ai nonni materni

Il tuo primo Natale

Il tuo primo Natale

Con l'uovo di Pasqua!

Come gattonavi!

Come gattonavi!

I tuoi primi passi

I tuoi primi passi

Momento bagnetto!